कशिश

एहसास

श्वेता कुमारी

BookLeaf Publishing
India | USA | UK

Made with ❤ on the BookLeaf Publishing Platform
www.bookleafpub.in
www.bookleafpub.com

Dedication

हर उस सफ़र को जो मैने तय किए , और इस सफ़र के दौरान हर उस शख्स को जो जाने अनजाने जीवन की सीख दे गया।हर एहसास शब्द बनकर कविता के रूप में ढल गई।

Preface

प्रस्तावना

कविता केवल शब्दों का संयोजन नहीं होती, वह मन की उन अनुभूतियों का स्वर है जिन्हें साधारण भाषा अक्सर व्यक्त नहीं कर पाती। यह काव्य-संग्रह जीवन के विविध रंगों—प्रेम, विरह, आशा, संघर्ष, स्मृतियों और आत्मचिंतन—को शब्दों में पिरोने का एक विनम्र प्रयास है।

इन कविताओं में कहीं भावनाओं की कोमलता है, कहीं समय की कठोर सच्चाइयाँ, तो कहीं सपनों की उजली उड़ान। हर रचना अपने भीतर एक कहानी, एक प्रश्न और एक अनुभव समेटे हुए है। कवि ने अपने अंतर्मन की धड़कनों को सरल और संवेदनशील भाषा में पाठकों तक पहुँचाने का प्रयास किया है, ताकि हर पाठक इन पंक्तियों में अपने जीवन का कोई न कोई अंश खोज सके।

कविता का उद्देश्य केवल मनोरंजन नहीं, बल्कि आत्मा को स्पर्श करना भी है। यदि इस संग्रह की कोई पंक्ति आपके मन में एक नई अनुभूति जगाए, किसी स्मृति को जीवंत करे, या जीवन को देखने का एक नया दृष्टिकोण दे सके, तो यह प्रयास सार्थक होगा।

मैं उन सभी पाठकों का हृदय से आभार व्यक्त करता/करती हूँ, जो इन कविताओं को समय देंगे और इनके भावों से जुड़ेंगे। आशा है कि यह काव्य-यात्रा आपके मन को उसी प्रकार स्पर्श करेगी, जैसे इन रचनाओं ने मेरे अंतर्मन को किया है।

श्वेता कुमारी

Acknowledgements

कविता-संग्रह केवल शब्दों का संकलन नहीं, बल्कि भावनाओं, अनुभवों और जीवन की अनगिनत संवेदनाओं की अभिव्यक्ति है। इस पुस्तक की रचना-यात्रा में जिन सभी लोगों का प्रत्यक्ष और अप्रत्यक्ष सहयोग मिला, मैं हृदय से उनका आभारी हूँ।

मैं अपने माता पिता की विशेष आभारी हूँ,जिनके संघर्ष और त्याग ने मुझे प्रेरित किया है ।उनका मुझ पर विश्वास और गर्व मुझे हमेशा से विषम परिस्थितियों से लड़ने और विजयी होने के लिए प्रेरित करता रहा है।

उन सभी को मेरा आभार है जो प्रत्यक्ष और अप्रत्यक्ष रूप से मुझे राह दिखाते रहे मेरे कार्य को प्रशंसित करते रहे ।मेरे खामियों को भी बताते ओर सुधारते रहे।

1. मां कभी नही हारती है

वो कल भी बच्चे संभालती थी,
वो आज भी बच्चे संभालती है |
कल मुझे संभालती थी,
आज मेरे अंश को संभालती है |

उम्र उसकी भी हो चली है,
पर सेवानिवृत नहीं हुई |
चेहरे पर झुर्रिया आ गई,
पर वो मुस्कान धूमिल नहीं हुई |

कुछ नया सीखने को,
आज भी उत्साहित रहती है |
क्या नया कर दूं बच्चों के लिए,
इसी उधेड़बुन में दिन भर रहती है |

मन सोचता है बार बार,
कैसे कर लेती हैं इतना कुछ,
मैं तो थक जाती ,एक ही बार |
सच है ऑफिस नहीं जाती थी,
पर २४ घंटे परिवार को समर्पित थी |

झुंझला कर जो कह देते सब,
आप कुछ नही समझती |
घर के बाहर की दुनिया क्या है,

आप कुछ नही जानती |

हर बार नम आंखों से बस मुस्कुरा देती,
वो दर्द आज समझ पाती हूं |
जब इतना कुछ कर के भी,
परिस्थितियों से हार जाती हूं |

हर किसी को सेवानिवृत मिलती है,
पर वो मरते दम तक कार्यरत ही रहती है |
सच है वो मां है ,वो कभी नही थकती है,
हार जाते है इंसान पर,
मां कभी नही हारती है |

2. तुम्हारा उड़ना उन्हें पसंद नहीं

तुम्हारा उड़ना उन्हें पसंद नहीं,
फिर भी तुम कभी उड़ना मत रोकना,
वो तुम्हारे पर काटने की कोशिश करेंगे,
फिर भी तुम कभी मत टूटना I

इतने बड़े आकाश में,
कुछ हिस्सा तुम्हारा भी है ,
जिससे मांगने या छिनने में,
तुम जरा मत सोचना,,,,

कितने भी चट्टान आये राहों में ,
पर तुम नदी सी बहती जाना I
कभी नदी सी कभी झरने सी,
अपनी इच्छा से राह बनाना।

हर बार जीत आसान नहीं होती ,
ये बात तुम कभी मत भूलना,
जो कभी अपनों से ही लड़ना पड़ जाए,
तो कभी पीछे मत हटना।

ये पायल , ये चूड़ियां, ये बिंदी
तुम्हारी बेड़ियां नहीं रही कभी,
तुम सौम्य भी हो ,शक्ति भी हो,
तुम ही लक्ष्मी , तुम ही दुर्गा हो।

हर युग में लड़ी है नारी,
कभी सीता तो कभी अहिल्या।
कभी लक्ष्मीबाई तो कभी ज्योतिबा,
हारना और टूटना जिसने नहीं सीखा ।

तुम ही इतिहास ,तुम ही भविष्य हो,
तुम ही वर्तमान ,तुम ही समय हो।
तुम थक जाओ तो थोड़ा ठहर जाना,
पर ये अनंत आकाश तुम्हारा भी है,
ख्वाइशों के पंख फैलाए उड़ती जाना।

3. ज़िंदगी

ज़िंदगी तेरी किताब के ,
पन्ने खुले ही रह गए।
कुछ रिश्तों को बचाने में,
हम तनहा ही रह गए....
हौंसलो के पंख लगा,
उड़ने की चाहत थी दिल की,
पर उनको खुश रखने में,
पंख बंध कर रह गए।
चट्टानों से भी टकरा जाते,
गिर कर भी संभल जाते,
पर ज़िम्मेदारियों की बेड़ियों में,
हम उलझ कर रह गए।
दिल ने देखे थे कुछ सपने,
अरमानों को पूरे करने के,
पर रिश्तों को निभाने में,
हम खाली से रह गए।
रास्ते हमारे मंज़िल तक जाते थे,
उसको पाने का दम भी रखते थे,
पर अपने हिस्से कि छाव लुटाने में,
हम पीछे ही रह गए।
कुछ हजरते हमारी भी थी,
कुछ जाज़बात हमारे भी थे,
पर रूठो को मनाने में ,

हम ठगे से रह गए......

##

4. तेरे जाने का यू तो कोई गम नहीं,

तेरे जाने का यू तो कोई गम नहीं,
पर ये जो खालीपन है ये भी कम नहीं।
कोई शिकवा नहीं कोई गिला नहीं तुझसे
पर कुछ जज़्बात है जो खफा से है तुझसे...
कुछ दर्द है कुछ टीस सी है दिल में,
जो लफ्ज बयान नहीं कर पाते है।
छुपा तो लेते है मुस्कुरहटों के पीछे उन्हें,
पर दगाबाज है वो,आंखो से रास्ते बना लेते है।
आज भी शामे गुलाबी होती है,
पर तेरे बगैर उतनी हसीन नहीं लगती।
आज भी राते नहाती है चांदनी में,
पर उतनी खूबसूरत नहीं लगती,
खामोश रहकर भी हम ढेरो बाते करते थे,
मुस्कुराहटों के पीछे छिपे दर्द समझ लेते थे।
जो जज़बत लफ्जो में बयान ना हो पाए,
तो फासले हमारे दर्मिया आ गए,,,
यूं ही चले गए तुम तनहा छोड़कर,
जो वादे किए थे सब तोड़कर,
अपने पीछे यादों का पिटारा छोड़ गए,
मेरे मासूम दिल की हजारों हज़रते तोड़ गए।
ज़िंदगी बस कट सी रही है,,,,
भीड़ में होकर भी तनहा रह गई है,
शोर सा पसरा है हर तरफ मेरे,

पर सांसे मेरी सन्नाटे में चल रहीं है।
तेरे आने की कोई उम्मीद तो नहीं है,
पर हर आहट तेरी आहट सी लगती है।
आस पास से निहारती नज़रों में,
हर नजर जाने क्यू तेरी सी लगती है।
जो जज्बातों को मुकम्मल लफ्ज ना मिले,
तो एक दासता यूं हीअधूरी ही रह गई।
जो हजरतो को हकीक़त के आसमान ना मिले,
तो एक ख्वाहिशों की उड़ान अधूरी ही रह गई,,

5. मुलाकात

आज बड़े अरसे बाद ,
खुद ने खुद से मुलाकात की है।
आज बड़ी मुद्दतो बाद,
दिल ने दिल की बात की है।

बीते वक्त की यादों ,
के साथ बैठे है आज I
पुरानी कुछ तस्वीरों को,
निहारने चले है आजI

कुछ इस कदर ,
बदल दिया खुद ने खुद कोI
खुद ही खुद को,
पहचानने को तैयार नहीं आजI

वो बेबाक से ठहाके ,
न जाने कब मंद मुस्कान बन गएI
यूं वक्त के साथ भागते भागते ,
अब अपनी ही ख्वाइशों से अंजान बन गएI

रोना आया है कई बार,
पर आंसुओं को आंखों में ही रोक लिया हमनेI
कई बार टूट कर बिखरे है ,
पर हर बार खुद से ही खुद को समेट लिया हमनेI

आईना भी पूछता है सवाल कई,
की कहा छोड़ आई पहचान अपनीI
कि क्या बताए और कैसे बताए उसे,
खाक में मिलकर कितनी बार उठे है हमI

ज़माना कहता है मजबूत हमे,
न टूटी कभी कितनी बहादुर हो तुम I
अब कौन समझेगा जो बता दे उन्हें,
कि कितनी बार मरकर फिर जिए है हम।

6. गुंजाइश

यूं जिम्मेदारियों की अलमारी में,
खुद के लिए थोड़ी गुंजाइश रखना I
यूं भागते दौड़ते दिन रात में ,
इक ठहरी शाम की गुंजाइश रखनाI

चेहरे पर पड़ती साल दर साल झुर्रियो में ,
इक मासूम से चेहरे की गुंजाइश रखना I
जो कभी तन्हा बैठो यादों के गलियारों में,
कुछ बीते पल दुबारा जीने की गुंजाइश रखनाI

मतलब से भरी दुनिया की भीड़ में,
कुछ निश्चल रिश्तों की गुंजाइश रखना I
जो कभी तन्हा हो अंदर से टूटे हो ,
इक मजबूत कंधे की गुंजाइश रखना I

उड़ जाओ दूर कितनी भी,
पर जमीन पर लौटने की गुंजाइश रखना,
कितनी भी बदलो हालात के आगे,
पर आइने में खुद को पहचानने की गुंजाइश रखना।

हारकर टूटकर जो बिखर भी जाओ अगर,
तो खुद को समेटने की गुंजाइश रखना ,
जो आगे रास्ता न दिखे कभी अगर,

तो खुद को रास्ता दिखा सको ,
बस इतनी सी गुंजाइश रखना।

7. प्रेम

वो कमजोर नहीं थी ,
जो उसने तुम्हारा साथ मांगा।
मान लिया था तुमको ही,
उसने अपना संसार सारा।

प्रेम में पड़कर तुम्हारे ,
उसने श्रृंगार करना भुला दिया।
क्यूंकि प्रेम को ही तुम्हारे ,
उसने अपना श्रृंगार बना लिया।

तुम्हारी खुशी में ही,
उसने अपना जीवन समा लिया।
क्या ख्वाइश थी उसकी खुद की,
उसने वो सबकुछ भूला दिया।

तुम्हारी पसंद को अपनी पसंद बना लिया,
दुख दर्द को तुम्हारे अपना जीवन बना लिया।
तुमने उसको अपने जीवन जो भी चंद समय दिया,
उसने उसे ही अपने जीवन का बहीखाता बना लिया।

तुम से प्रेम करके उसने अपना अस्तित्व लूटा दिया,
उसके लिए क्या सही है ये सब कुछ भुला दिया ।
नादान है नासमझ है वो जो दिल में तुम्हे बसा लिया,

स्वार्थ को तुम्हारे प्रेम समझा और अपना
सर्वस्व को लूटा दिया।

8. मेरा वजूद बनाने में,

मेरा वजूद बनाने में,
तू खुद को मिटाती रही,
मेरी ज़िन्दगी की गुल्लक भरने में,
तू खुद को खर्च करती रहीं

मै जो हंस दू तो,
तू भी हंस देती है।
मै जो दर्द से रो दू तो,
तू भी कराह देती है।

मैं जो डरती हूं अंधेरे से,।
मा तू भी तो डर जाती होगी
पर मेरी खातिर मा तू,
उस डर से भी लड़ जाती है।

मेरी जो आज संज्ञा है मां,
तेरी ही तो बदौलत है।
इक तेरा ही कर्ज ऐसा है मां,
चुका नहीं सकती कोई दौलत है।

लड़खड़ाते क़दमों को मां,
तूने ही संभलना सिखाया।
हार जीत की परिभाषा से परे,
जीवन के संघर्ष का अर्थ बताया।

तेरा घोंसला छोड़ इक दिन उड़ जाऊंगी ,
इक दिन तेरी सारी ममता बटोर ले जाऊंगी,
तुझे हमेशा से ही ये पता था,
फिर भी तूने मां , मुझ पर प्यार लुटाया।

पर देख मेरा ये स्वार्थ मां,
मैंने तुझे केवल इक मां ही माना।
तेरी अपने वजूद की परिभाषा,
को मैने कभी नहीं सोचना चाहा।

मां तेरी ममता को कागज़ पर उतार सकूं
लिखने वालो ने वो अल्फ़ाज़ नहीं बनाए।
ढेरो किरदार निभाते है इस रंगमंच पर हम,
पर किसी में भी ईश्वर ने मां जैसे ज़जबात नहीं बनाए।

##

9. यादों की अलमारी

दिल के किसी कोने में पड़ी
एक पुरानी सी यादों की अलमारी।
गुमसुम सी खामोश सी अलमारी,
खट्टे मीठे पलो से भरी एक अलमारी।

कुछ खत है बिना पते के,
और कुछ अधूरे से किस्से।
कुछ धुंधली सी तस्वीरों से,
भरी पड़ी है वो अलमारी।

एक कोने में तहा कर रखा,
मेरा वो मासूम सा बचपन।
परत दर परत सहेज कर रखा,
अजनबी रिश्तों का अपनापन ।

जीवन के हर मौसम में टिकी रहती,
वक़्त के थपेड़ों से लड़ती ,
मेरे अधूरे ख्वाहिशों से भरी,
चुप चाप सी खड़ी वो अलमारी।

उपेक्षाओं की बारिश में खड़ी,
संघर्ष के धूप में टिकी रहती।
मेरे दबे कुचले अरमानों से भरी,
हारी हुई हौंस्लों का भार उठाए अलमारी।

मेरे अंदर के खालीपन को समेटे,
बाहर से लडने का साहस देती अलमारी।
हर किरदार के पठकथा को सहेजे,
मेरे अस्ल वजूद का एहसास कराती अलमारी।

##

10. तलाश

जो अपनी ही धड़कनों को सुन सकू ,
वो कुछ खामोश से पल चाहती हूं ।
जो खुद से खुद की गुफ्त गु कर सकूं ,
मै बस वो थोड़ी सी तन्हाई चाहती हूं ।

जो खुद में खुद को देख सकूं ,
मै वो आइना ढूंढ रही हूं ।
जो मेरे जज़बात भी समझ सके ,
मै वो एक दिल ढूंढ रही हूं ।

उलझनों में उलझी ख्वाहिशें मेरी ,
खाली सा आकाश तलाश रही है ।
जो अपना भी गीत गा सकूं ,
मै वो संगीत तलाश रही हूं ।

जो खुल कर फिर मुस्कुराना सीखा सके ,
मै वो महफ़िल चाहती हूं ।
जो निराश क़दमों को हौंसला दे सके ,
मै वो काफिला चाहती हूं ।

अंधेरे में गुम अरमानों को रौशन कर दे ,
वो सूरज चाहती हूं अपने लिए ।
भीड़ में गुम किरदारों को मेरे पहचान सके ,

वो कहानी चाहती हूं अपने लिए ।

जो सदियों तक फिजाओं में रहे ,
वैसे अल्फ़ाज़ ढूंढ रही हूं ।
जो मेरे जाने के बाद भी जिंदा रहे ,
वो पहचान ढूंढ रही हूं ।

अधूरी सी कविता है मेरी ,
अधूरी सी ख्वाहिशें है ।
अधूरी ये उड़ान मेरी ,
मुक्कमल एक चाहत चाहती है......

##

11. आज फिर यादों ने

आज फिर यादों ने ,
तेरी गलियों का रुख किया है।
आज फिर दिल ने,
किसी कोने से तेरा नाम लिया है।

किसी आदत की तरह ,
शामिल हो तुम जिंदगी में मेरी,
किसी हंसी ख्वाब की तरह
बसे हो तुम नींदों में मेरी।

जिंदगी का कोई किस्सा ऐसा नहीं,
जिसमे तुम्हारा जिक्र न आता हो।
ऐसी कोई सुबह ,कोई शाम नही
जिसमे तुम्हारा ख्याल ना आता हो।

वो रास्ते हमने छोड़ दिए,
जिसपर तुम साथ आए नही,
वो आईने हमने तोड़ दिए,
जिसमे तुम साथ नजर आए नही।

आंखो में अब वो चमक दिखती नही
जो तेरी एक झलक से आ जाती थी,
होंठो पर अब वो मुस्कान आती नही,
जो तेरी कदमों की आहट से आ जाती थी।

मिलों दूर हो तुम आज मुझसे,
फिर भी लगता है यही आस पास हो,
सदियां गुजार दी हमने तेरे बगैर,
फिर भी जो हर पल ले रहा तुम वो सांस हो।

##

12. कश्मकश

तू शब्दों में खोजता रहा जिसे,
वो आंखो ने कह दी थी।
कुछ ज़्यादा उम्मीदें थीं तुझसे..
दिल की बस यही खता थीं....
तेरी बेरुखी पर भी,
हम यूं मुस्कराते रहे।
इकतरफा है जानकार भी,
हम प्यार निभाते रहे।
महफ़िल में शामिल अजनबी भी,
तुझे अपने ही लगते रहे।
और हम तेरे साथ को ही,
अपनी महफ़िल समझते रहे।
बोलचाल होती रही ,
पर बाते नहीं हुई कभी,
तेरी शिकायतों में भी,
मै तारीफ तलाशती रही।
खुद में पूरी हूं संपूर्ण हूं,
ये जानकार समझकर भी,
जाने क्यों तेरे वजूद में मैं ,
अपना वजूद तलाशती रहीं।
अक्सर बातों के बीच भी,
खामोशी सी रहती है,
तुम साथ चल तो रहे हो,
फिर भी राहे तनहा ही लगती है।

लड़ना नहीं आता मुझे ,
ये तुम्हे भी पता है।
हर बार तुम्हे ही रूठने दिया,
यहीं मेरी खता है।
तेरे आंखों में खुद को,
मै तलाशती रही जाने क्यों।
झूठे तेरी मुस्कुराहटों को,
चुपचाप निहारती रही जाने क्यों।
अक्सर दिल के दर्द को,
आंखो ने तुझसे कहना चाहा,
पर तुम शब्दों में ढूंढते रह गए,
जो खामोशी ने तुमसे कहना चाहा।
ये तेरी बेरुखी ही थी,
जो हमारे बीच फासले बन गए।
दिल के इतने करीब आकर भी,
तुम आज फिर से अजनबी बन गए।
मैं चाहकर भी शिकायतें,
कर नहीं पाती तुमसे तुम्हारी ही।
बड़ी कशमकश है दिल की,

13. यूं दिल के करीब होकर भी

यूं दिल के करीब होकर भी,
अजनबी से बन गए हो तुम,
मैं जो न समझ सकी ,
वो पहेली से हो गए हो तुम।

ये दिल जो मेरा,
कभी तुम्हारा पता था,
आज ये भी बेचारा ,
तुम्हे ढूंढता सा फिर रहा।

छोटी छोटी शिकायतों से,
दिल दुखाते बहुत हो
छोटी छोटी नाराज़गी से,
तुम आजकल रुलाते बहुत हो।

हर बार तुम्हे मनाने में,
झुक जाती हूं मैं।
कुछ मुझे भी चुभा है,
भूल जाती हूं मैं।

ये दूरियां बहुत है,
ये फासले बहुत है।
जाने क्यू तुम्हे मुझसे
अब शिकायते बहुत है।

बचे हुए रिश्ते में अब,
खोए एहसास तलाश रही हूं।
तुम्हे फिर से बसा सकूं जहां,
वो दिल का कोना तलाश रही हूं।

थोड़ा तुम समझो ,थोड़ा मैं
तो ये दूरियां कम हो जाएंगी।
ये जो दरारें पड़ी है दिलो में,
हमारे प्यार से भर जाएंगी।

14. वो शहर जो यूं ही ,

वो शहर जो यूं ही ,
हमसे छूट गया।
वो घर को चौखट भी,
हमसे रूठ गया।
वो पुराने बस्ते मे बंद,
कुछ बचपन की यादें।
वो दीवारों की दरखतों से,
झांकती नटखट शरारतें ।
वो छत से आवाज देती,
पुराने दोस्तों की आवाजें।
वो अपने अपने घरों के चौखट ,
पर लगाती सहेलियां ठहाके।
वो पुराना सा शहर ,
वो छोटा सा मोहल्ला ,
वो पुराना सा घर,
वो छोटा सा कमरा,
आज भी समेटे हुए है,
वजूद पुराने मेरे।
कमरे में रखी अलमारी पुरानी ,
सहेजे हुए है यादें पुरानी।
खूंटी पर टंगा वो आईना पुराना,
छुपा रखा है मेरा चेहरा पुराना।
वो बीता वक्त सिर्फ़ यादें नहीं ,
इक सुकून भरा ठिकाना है,

जहां दिल लौटना चाहता है,
पर कमबख्त कोई रास्ता उधर जाता नहीं।
कोई रास्ता उधर जाता नहीं।

15. वो सागर किनारे हम बैठे हो,

वो सागर किनारे हम बैठे हो,
और बातें हमारी खत्म न हो।
कब रात से सुबह हो जाए ,
इसकी भी हमें खबर न हो।

दिल चाहता है वो पल ,
जो बस तेरा मेरा हो ।
और उस तन्हा पल की खबर,
किसी को कानों कान न हो।

वो चल पड़े हम सैर पर फिर,
बीते वक्त के गलियारों में।
खो जाए हम गलियों में कही,
और लौट कर न आए फिर।

वो खिड़की पर इंतजार करती,
आधे आधे कप की प्यालिया,
वो बारिश की बूंदों में भीगी,
तेरी मेरी बातो की लड़ियां।

कितना कुछ छूटा है पीछे,
भागते वक्त की दौड़ में।
अधूरे हमारे बातों के किस्से,
और वो गूंजती ठिठोलिया।

यूं आवाज लगाई जिम्मेदारियों ने,
वक्त से आगे भागती ख्वाहिशों ने।
हम दोनो छोड़ आए अपने अपने,
खिलखिलाहटे वही बीते वक्त में।

जी भर किस्से सुनाने है अब,
इन बीते वक्त के आजमाईश के,
कैसे कटे है पल,बचपन के अरमानों को,
बंद करके झूठे शौहरत के चर्चो में।

16. मैं तुझसे से जीना सीख रही हूं,

मैं तुझसे जीना सीख रही हूं,
देख तेरी मासूम मुस्कराहटों को,
मैं फिर से खिलखिलाना सिख रही हूं।

मैं फिर से चलना सीख रही हूं,
लड़खड़ाते तेरे कदमों से मैं,
गिर कर संभालना सिख रही हूं।

मैं फिर से लड़ना सिख रही हूं,
छोटे छोटे तेरे जिद्द से मै,
हर परिस्थिति से जूझना सिख रही हूं।

मैं गमों को भूलना सिख रही हूं
तेरी मासूम शरारतों से मैं,
हर हाल में खुश रहना सिख रही हूं।

मैं फिर से रिश्ते निभाना सिख रही हूं,
देख तेरा वो पल में रूठकर मान जाना,
मैं भी रंजीशे भुलाना सिख रही हूं।

तुझमें खुद को देख रही हूं
मुझमें तुझको देख रही हूं
मासूम तेरी नजरो से,

मैं फिर से दुनिया देख रही हूं।

17. मां,अपना वाला बचपन दिला दो,

मां,अपना वाला बचपन दिला दो,
वो राजा रानियो के किस्से सुना दो।
नाज़ुक नाज़ुक कंधों पर मेरे मा,
अपने अधूरे सपनों का बोझ ना लादो।

मिटटी में मा खेलने दो मुझे भी,
गिर कर कैसे खुद उठना है,
सीखने दो ये मा मुझे भी।
नंगे पांव मा मुझे भी दौड़ना है।

मॉल के नकली झूले रहने दो मा,
पेड़ों पर तुम झूले लगा दो।
जो खेल तुम बड़ी हुई मा,
मुझे भी अपने खेल सीखा दो

लोरी सुनने की उम्र है मेरी मां,
ये जी के के प्रश्न रहने दो।
आगे ज़िन्दगी कठिन बहुत है,
अभी तो थोड़ा बेफिक्र रहने दो।

नन्ही नन्ही उंगलियां थक जाती है मा,
ये कापियां कुछ कम कर दो ।
बोझ बहुत है मेरे बस्ते का मा,

थोड़ी अपेक्षाएं कम कर लो ।

इन आंखो मे सवाल बहुत है ,
पहले उन्हें सुलझाने दो।
अभी जीवन में सीखना बहुत है,
ये कोडिंग वेडिंग अभी रहने दो।

कभी डांस तो कभी मयू जीक,
कभी कराते कभी स्विमिंग।
इन क्लासेज की भीड़ भाड़ में मा,
मेरी मासूमियत हो गई मिसिंग।

इन चार दीवारों में घुटता है मन,
बारिश में मुझे भी थोड़ा भींगने दो।
जैसे गांव की गलियों में दौड़ बड़ी हुई,
मुझे बस इस आंगन में दौड़ने दो।

मा पता है मुझसे तेरे सपने जुड़े है,
मेरे लिए तूने कई अरमान छोड़े है।
वक्त आने पर आसमान छू लूंगा मै,
मां तुझ से मुझे ऐसे संस्कार मिले है।

मां अभी ये बचपन जी लेने दे,
थोड़ी नादानियां कर लेने दे,
ये लौटकर नहीं फिर आएगा,
ये झूठ मूठ की जिद्द में मा ,
मेरा बचपन कहीं खो जाएगा।

##

18. अब कोई रुटीन फॉलो नहीं करती

अब कोई रुटीन फॉलो नहीं करती
अब वक्त से आगे नहीं भागती.....
जिंदगी थोड़ी थम सी गई है ,,,
पर मैं इसका बुरा नहीं मानती

हर बार हालातों से लड़ना,
जरुरी नहीं होता है।
कभी कभी हार मान लेना,
गलत भी नहीं होता है।

हर बार रूठी हुई खामोशी ,
हताशा की परिभाषा नहीं होती।
हर बार आंखों की नमी,
हारे हौंसले की छाया नहीं होती।

हारना,टूटना और बिखर जाना,
अस्तित्व का समाप्त होना नहीं होता,
बिखरे हौंसलों को समेट लेना,
किसी युद्ध जितने से कम नहीं होता।

वो जो घने अंधेरों में भी,
थोड़ी सी रोशनी दिख जाए।
तो यकीन मानिए वो डूबते के लिए,

किसी तिनके से कम नहीं होता।

कभी कभी मन पूछता है सवाल कई,
हर बार वक्त मेरी ही परीक्षा क्यूं लेता है।
तो जो दम रख सके चक्रव्यूह तोड़ने का,
वक्त उसे ही तो चुनौती देता है।

मैं टूट कर बिखर जाऊंगी तो भी,
मैं यदि संघर्ष की आग में राख बन जाऊं।
फिर भी खुद को समेट कर,
मैं पंख फैलाकर उड़ ही जाऊंगी इक दिन।

19. मैं ढूंढ रही हूं यादों मै तुम्हे,

मै ढूंढ रही हूं यादों मै तुम्हे,
तुम दिल में घर बनाए बैठे हो,
मै शब्दों मै सुनना चाहूं तुम्हे
तुम आंखो से सब कह जाते हो,,

मै मुस्कुराहटों में तलाशती हूं
पर तुम आंसुओ में छिपे बैठे हो,
मै हकीकत में देखना चाहती हूं तुम्हे
पर तुम मेरी कल्पना में समाए बैठे हो

बारिश में भीगी भीनी हवा सी,
सुबह की खिलती धूप सी ताज़ी
मंद मंद मुस्कान को अपनी
ज़माने की नजरों से बचाए बैठे हो,,,

मै शाम का इंतज़ार करती हूं,
और तुम मेरे इंतज़ार की राह तकते हो,
मै मुठ्ठी में बंद करना चाहूं तुम्हे
तुम जुगनू बन उड़ जाते हो।

मै हाथ थाम तुम्हारा चलना चाहूं
पर तुम राह में मेरे छांव बने बैठे हो
मै थक कर तुम्हारे कंधे पर सुस्ताना चाहूं
पर तुम राहों के कांटे हटाते चलते हो

तुम मेरे और मै तुम्हारी
सार है हम एक दूजे के,
तुम बस्ते हो सांसो में मेरी,
पर तुम मेरा संसार समाए बैठे हो,

20. कहते हो बेइंतेहा प्यार करते हो मुझसे

कहते हो बेइंतेहा प्यार करते हो मुझसे
तो ज़माने से लड़कर साथ निभा पाओगे क्या?
जो छोटी छोटी बातो पर रूठूं जाऊं तुमसे ,
तो हर बार मुस्कुरा का मना पाओगे क्या?

जो कभी दर्द से हारकर रो दू अगर
तो मुझे प्यार से चुप कराओगे क्या?
कहते हों बेइंतेहा प्यार करते हो मुझसे
ज़िन्दगी से हारकर जो टूट जाऊं कभी
तो हिम्मत बनकर साथ खड़े रह पाओगे क्या?

जो पथरीले रास्तों पर लड़खड़ाऊं कभी
तो हाथ बढ़ाकर उठा पाओगे क्या?
जो अरमानों के पंख लगा उड़ना चाहूं अगर
तो बंद हर दरवाज़ा खोल पाओगे क्या?
जो ज़िन्दगी की दौड़ में बहुत आगे निकल जाऊं
तो मुझ तक आने की कोशिश कर पाओगे क्या?

जो कभी ज़िन्दगी से निराश हो दुखी हो जाऊं अगर,
तो अपने हिस्से की खुशी मुझ पर लूटा पाओगे क्या?
जो कभी हमारे स्वाभिमान टकरा जाए अगर,
तो मेरे साथ तुम भी थोड़ा झुक पाओगे क्या?

जो कभी बेवजह कोई ज़िद कर बैठूं अगर ,
तो वो बेकार से ज़िद भी पूरी कर पाओगे क्या?
कहते हो बेइंतेहा प्यार करते हो मुझसे
तो वो आदते मेरी जो तुम्हे ना पसंद है
जो ना छोड़ पाऊ अगर तो भी,,,
हमेशा प्यार निभा पाओगे क्या?

##

21. दिल नहीं चाहता कि याद करे तुम्हे,

दिल नहीं चाहता कि याद करे तुम्हे,
पर कुछ ख्वाहिशें अधूरी सी हैं,
जो चाहती है तुम मिलो फिर से l
वो कुल्हड़ की आधी चा य,
वो कैंटीन की खाली कुर्सी,
और वो अधूरे से किस्से,
आज भी तुम्हारी राह तकतेl
मै भूल भी जाऊ तुम्हे,
तो वक्त के गलियारे से,
झांकती है तुम्हारी यादेंl
वो हंसना हसाना वो रूठना मनाना,
वो सच्चे झूठे किस्से सुनाना,
वो रात भर यूहीं एकसाथ तारे निहारनाl
क्या अजीब था वो गुजरा ज़माना,
वो लाइब्रेरी में किताबो से झांकना,
वो क्लास के बीच इशारों में बतियाना l
वो खेल में हारकर यूहीं रूठ जाना,
ख्वाहिश है जिलू फिर से वो ज़माना l
आज भी यारो की कमी नहीं,
आज भी किस्सों की कमी नहीं,
पर आज चाय के वो कुल्हड़ नहींl
महफ़िल वहीं है ए दोस्त पर तुम नहीं,
मै चाहें कितना झूठ कहूं खुद से,

पर सच यही है कि मै आज खूद वो मै नहीं1

www.ingramcontent.com/pod-product-compliance
Lightning Source LLC
Chambersburg PA
CBHW070648240926
51846CB00003BA/830
* 9 7 8 9 3 7 6 4 2 7 1 9 2 *